novum pro

AF165407

ELTJE
KHERFANI

Aus luftigen Höhen

novum pro

www.novumverlag.com

Bibliografische Information
der Deutschen Nationalbibliothek:

Die Deutsche Nationalbibliothek
verzeichnet diese Publikation in
der Deutschen Nationalbibliografie.
Detaillierte bibliografische Daten
sind im Internet über
http://www.d-nb.de abrufbar.

Alle Rechte der Verbreitung,
auch durch Film, Funk und Fernsehen,
fotomechanische Wiedergabe,
Tonträger, elektronische Datenträger
und auszugsweisen Nachdruck,
sind vorbehalten

Gedruckt in der Europäischen Union
auf umweltfreundlichem, chlor- und
säurefrei gebleichtem Papier.

© 2022 novum Verlag

ISBN 978-3-99131-442-4
Umschlagfoto:
Budi Yanto | Dreamstime.com
Umschlaggestaltung, Layout & Satz:
novum Verlag

www.novumverlag.com

Inhalt

Komm her zu mir 8
Ungebunden 10
Erleuchtet wie im Feuerfluge 11
Geborgenheit 13
Die Jahre 14
Es gibt nichts 15
Was wir hatten 16
Aus den Augen 17
Glücklich 18
Meine Insel 19
Im Gepäck 20
Ich nehme dich auf 21
I'm out for a while 23
Patterns 24
Nachthimmel 25
Dein Seelennest 26
Bahnmorgen 27
Things to come 29
Bahnabend 30
Wo 31
Uns fehlen die Worte 32
Mein Anteil 33
Gib mir deine Hände 34
1, 2, 3 Schritte 35
In Schweigen 36
Wunderwerke 37
Mehr nicht 38
Nur lassen 39
Hunderttausend Meilen 40
Hoch, fort 41
Home and away 42
Verlaufen 43
Diese Bilder 44

In meinen Blick	46
Gegen Kälte	49
Ehrfürchtig derer	50
Heute nur	51
Fallbeil	52
Alles war Sand	53
Platz in meinem Herzen	55
Im Nebel	59
Lebensnah	60
Helden der Stadt	61
Über den großen Teig	62
Sondervorstellung	63
Uferhilfe	64
Es hat ein Rücklicht	65
Schwere Erde	66
Dein Erinnerungsalbum	68
Zum Verzehr geeignet	71
Manches soll nicht sein	72
Aus luftigen Höhen	74
Fountain Memorial, Minneapolis	75
Erwartetes Glück	76
„Democracy dies in Darkness"	77
Systemrelevant	78
Bis es passt	79
Diese Schuhe tragen noch	80
Das Spektrum	81
Jetzt schon so müde	82
Herbst/Winter	83
Dorfluft	84
Das Leben meint es gut mit mir	85
Zu fest	86
Mein Alles bis hierhin	87
Dein letzter Strohhalm	88
Nicht für uns!	89

Ich gieße
meinen geliebten
Baum und hoffe
dass auch ich
ein
Stück
ge-
wach-
sen
bin.

Komm her zu mir

Komm, komm,
komm her zu mir.
Komm ein bisschen näher,
noch ein bisschen näher.

Ich muss dich haben, ich denke,
du bist fantastisch.

Tanzen ist nicht alles;
schau noch mal so,
mach noch mal so,
fass mich noch mal so an.
Dann komm her zu mir.

Ich muss dich jetzt haben, ich denke,
du bist wundervoll.

Jetzt hast du gezeigt, was du so kannst,
jetzt komm ruhig her
und zeig mir noch mehr,
komm, komm,
komm her zu mir.

Weiterschneien soll es
weiterrieseln soll die weiße Pracht
lässt mein Herz erkalten, hält es doch
so warm, schlägt es sacht

Bin ich hier, bin ich nicht hier
seh' sie fallen, schweben, fliegen
kann mein Blick sie kaum verfolgen
bitte, blieben sie doch liegen

Ungebunden

der
der
allen
allen
ein
nur

Ungebundener Moment
du bist,
mich
Glücks beschert
und aus   Herzschlägen
Herzschlag werden lässt,
diesen einen Moment.

Moment
Versuchung,
gilt er in   Zeiten?
Glücks und Übels?
Kuss,
diesen einen.

Erleuchtet wie im Feuerfluge

Rosa-graue Schäfchen
auf leuchtend blauer Weide
So mag ich sie am liebsten
und ganz aus Watte-Seide.

Sie schweben hin
wie leicht von nichts
und doch so voll von allem
Und nehmen alles mit sich mit
als könnten sie nicht fallen.

Wenn's dunkel wird
auf eurer Weide,
so treibt es euch hinfort.
Von tausend leuchtend Feen geleitet
an einen anderen Ort.

Ihr seid nicht weg
ich habe euch in meinem Herzen,
ist es auch schwer
in all den Stunden voller Schmerzen.

Geborgenheit

Ich wäre gern ein Teil in deinem Herzen,
doch liebe ich dich lieber leise
auf diese ganz besondere Weise.

Die Jahre

Die Jahre haben dich
gelehrt.

Die Zeit hat deine Wunden
nicht geheilt.

Es ist nicht zu spät,
die Jahre etwas zu lehren
und
kleine
Schritte
vorwärts
zu
machen.

Es gibt nichts

Es gibt nichts zu beschönigen,
gibt nichts zu verheimlichen,
gibt nichts kleinzureden,
gibt nichts zu argumentieren,
gibt nichts zu verhandeln
über die Schmerzen des Lebens.

Es gibt nichts abzuwerten,
gibt nichts zu verheimlichen,
gibt nichts kleinzureden,
gibt nichts zu argumentieren,
gibt nichts zu verhandeln
über die Schönheit des Lebens.

Was wir hatten

Was wir hatten,
war gemeinsam.

Abgesehen vom Offensichtlichen:
dem Pony im Schuppen,
dem Blick aus dem Hochsitz
und Bonny zu unseren Füßen.

Wir hatten einander.

Was wir haben, wird gemeinsam sein.
Einander.

Aus den Augen

Aus dem Blick vielleicht,
von Zeit zu Zeit.

Doch nie aus dem Herzen.
Stets an deinem vorgesehenen Platz.

Glücklich

Manchmal sehe ich uns
in 20, 30 Jahren.

Zurück im Haus in
Empuriabrava.

Den Touristen zuwinken,
die ihre Fotos schießen.

Glücklich sehen wir aus.

Meine Insel

Du, in eurem Haus, warst
meine Höhle,
als es zuhause zu laut wurde.

Und eines Nachts,
als ich drohte,
unterzugehen,
waren deine Arme mein Floß,
dein Sofa meine Insel.

Im Gepäck

Auf Rundreise mit mir.

Vom Strand auf Ibiza
bis nach Bournemouth ins Cranbourne House.

Von meinem Zimmer in der
Eleanore Avenue
bis ins Boot vor der Küste Tossas.

An meinem Schreibtisch mit Blick auf die
Scorer Street.

Ich habe dich bei mir.

Ich nehme dich auf

in meine Arme
in mein Bett

in meine Taten
in meine Erzählungen

in meine Erinnerungen
in meine Zukunft

in meinen Körper
in meinen Geist

zu mir.
Und du mich zu dir.

What am I doing
in this crazy
punching-in-my-face-place?
Where I am
longing for you.
Where I miss
you all.
And which I am,
slowly but surely,
falling in love with.

I'm out for a while

With the nation's disease
see the power increase
the power of daylight
incredible almight.

So, you two fall apart
and we love us closer
so it makes me shiver
I've got to deliver
this message to me.

It's all about me though
you all live without me now
I'd like to include you
like to introduce you
it's all about me though
I'm out for a while.

Patterns

I liked the pattern of my days.
I liked your pattern of
coming to me, which was
always wild.

I liked the patterns
thrown to earth by our
beloved sun.

I like the pattern of
a forest against sunrise
as much as
the pattern of the Chicago skyline
against sunset.

I like the invisible patterns
of music and
the visible ones of letters.

I like the patterns we two
make for each other,
through each other and
because of each other.

Nachthimmel

Wie
eine Begrenzung
der Nacht

zeichnet sich die schwarze Landschaft
gegen den
halbdunklen
Himmel ab.

Dein Seelennest

Geh in dein Seelennest
aus schwarzen Hölzern.

In den obersten Wipfeln,
gibt es dort eine gute Aussicht?

So hoch klettern nur die Monster mit den
schärfsten und längsten Krallen.

Geh in dein Seelennest.
Geh ruhig ab und zu.
Fall nicht herunter.
Verlier dich nicht.

Bahnmorgen

Ich kann förmlich sehen,
wie meine Gedanken an dich nach vorne,
die Fahrt des Zuges nach hinten
und die einfallenden
Sonnenstrahlen von der Seite
ihr Muster bilden.

Tiredness
much heavier than myself,
and the noise surrounding
overwhelm me.

Derived from all the
grief and sorrow
and lots of laughter.

Come, sit down with me,
let me rest my head
on your shoulder.

If I could, I'd stay
a little longer;
let me rest my head
on your lap

just until I fall asleep.

Things to come

Sitting and waiting
for things to change
and things to come.

Still, it all feels
the same.
It has been
feeling
and falling
and failing
like this
for a month or two.

I tried to try out
something new,
a different view.
Sometimes I laugh,
sometimes I cry about it.

So, I'm sitting and waiting
for things to change.

Bahnabend

Ich kann förmlich sehen,
wie meine Fahrt ins Ungewisse
nach vorne,
meine Gedanken an dich
nach hinten
und die letzten Sonnenstrahlen des Tages
von der Seite
ihr Muster bilden.

Es macht mir Angst.

Wo

Wo sind wir geblieben?
Wo ist …
Oh bitte, bitte, wo sind wir?
Wo bist du hin?

Uns fehlen die Worte

Mir fehlen die Worte
für das was dir fehlt.

Dir fehlen die Worte
für das was dir fehlt.

Dir ist Reden Silber
und Schreiben Gold.

Dir fehlt
die Liebe.
Die Freundin.
Die Unbefangenheit.
Ein kleiner Sonnenstrahl manchmal,
wenn es kalt wird.

Ich ringe nach Worten,
ich höre dir zu.

Mein Anteil

Bist du ein Teil von mir?
Doch, ja!

Bist du ein Teil von mir so bist du, ach,
ein großer Teil!

Mach dich nicht klein,
mein großer Teil!

Ich habe Anteil,
wenn auch nur den kleinsten!

Teil deines Lebens,
bin auch ich.

Und wie wir wollen, sind wir doch
unteilbar verbunden.

Gib mir deine Hände

Ich möchte
deine Hände nehmen,
deine zarten kleinen Hände
in meine.

Möchte ein Stück mit dir gehen.
weiter,
ein Stück rennen,
noch weiter,
ein Stück atemlos rasen,
weiter, weiter, weiter,
dich rastlos hinterherziehen,
weiter, weiter, weiter, weiter!
Alle Irrungen und Wirrungen
zurücklassen.

Gib mir deine Hände.

1, 2, 3 Schritte

Geh los, deine Füße tragen dich schon!
Hab Vertrauen in kleine Schritte
und große Kräfte.

Heute ist ein neuer Tag,
wir können nichts tun,
als zu beginnen: 1, 2, 3 …

In Schweigen

Ich hülle meine Gefühle
in Gedanken und
meine Gedanken in Schweigen.

Ich hülle mein Schweigen
in Küsse und Sex und
alles in deine Schönheit.

Sei bei mir.
Dann hülle ich deine Schönheit
schnell in rationelle Parameter
und meine Gefühle in Gedanken.
Und meine Gedanken in Schweigen.

Wunderwerke

Erst als der
rote Sessel zerknautscht ist

und das Buch zu Ende

kann ich aufstehen
und bewundere
demütig und fasziniert
welche Wunderwerke um mich herum
geschaffen wurden.

Mehr nicht

Sei da heute,
mehr nicht.

Lass die Rechtfertigungen
und Zweifel,
dein Archiv ist voll davon.

Halt mich fest,
sei da,
denk nicht zu sehr
nach vorne oder hinten.

Sei da.
Lass mich bei dir sein
ohne alles.
Sei da.

Nur lassen

Alles lassen
muss ich:
mich fallen lassen
runterlassen
euch gehen lassen
alles zulassen
mich einlassen – auf dich.
Mich dir überlassen
lockerlassen
loslassen
euch zurücklassen
rauslassen
ruhen lassen.
Mich bei dir, für dich
sein lassen.
Uns sein lassen.

Hunderttausend Meilen

Hunderttausend Meilen
weit weg ist der Sommer bereits.
Gefüllt mit Kinderlachen,
neuen Menschen
und dir.

Ich hatte Arbeit und
Vorkehrungen im Nacken,
Sonne im Gesicht und
Flipflops an den Füßen.

Schier unendlich war
der Duft nach Flieder
und grünem Rasen
auf dem Weg.

Hunderttausend Meilen weiter
versuche ich ein bisschen
Weisheit zu erhaschen.

Hoch, fort

Schweben,
durch gekämmte Watte.
Und die goldene Sichel.
Nur getrennt von
einem rosa-silbernen Streifen,
der kein Ende in Sicht lässt.

Home and away

„That's not your window!"
lallt der Fremde.

Doch, doch,
seit 9/11/07,
mit Blick auf die
Scorer Street, ein Land und
sein seltsames Völkchen.

I quite like my view here.
Manchmal mehr, als mir lieb ist.

Verlaufen

Ich möchte dir schreiben.
Von alten Zeiten.

Führerlose Gedanken
finden nicht ihren Weg
vom Kopf in die Finger.

Sie fürchten was passiert,
wenn sie unten ankommen.

Deinetwegen
haben sie sich verlaufen.
Dem Pfad mangelt an
liebevoller Pflege.
All die Jahre.

Diese Bilder

Diese Bilder verfolgen mich,
der Orte an denen
das Gute die Guten
längst verlassen hat.

Gestapelt, aufgebahrt,
was einst Glück und Lachen war,
Schlagspuren im Genick,
mit Glück eine Kugel.

Schädel, Schädel,
Füße,
ein Baby,
Schädel, nur noch
Amphoren verlorener Seelen.

Torte und Lichter
und allerlei Dichter.

Weißes und Hitze
und blödeste Witze.

Und wir.
Hier.

In meinen Blick

Da.
Da stehst du gut.
Da stehst du gut zu mir.
Da stehst du gut zu mir und siehst.
Da stehst du gut zu mir und siehst fantastisch aus.
Da stehst du gut zu mir und siehst fantastisch aus in meinen Blick gehüllt.
In meinen Blick gehüllt stehst du da.
In meinen Blick dein Blick.
Da stehst du.
Da.

Alles war laut.
Ich drehte lieber leise
meine Kreise
auf meine Weise.

       Schau   mal
Schau wie   groß deine
    Hand   doch   ist
    gegen meine. Für
    mich. Dein
    Herz für
    mich.

Gegen Kälte

Es ist noch warm.
Ganz warm.
Wärmt mich.
Ganz nah, ganz warm.
Auf der Haut, in der Hand,
unter der Haut.
Gerade noch so, orange-warm.
Ganz nah, ganz tief.
So warm.
Es ist noch warm.

Ehrfürchtig derer

Unzulänglich vor den großen Meistern,
die immer Worte haben für Moral,
Katastrophen und Liebe.

Ehrfürchtig derer, die sich trauen
auf den Brettern, die ihnen
eine kleine Welt bedeuten.

Ernüchtert von leeren Seiten und
Geschichten, die über meine eigene
kaum hinausragen.

Heute nur

Heute nur ein bisschen Wärme, nur
ein Sonnenstrahl für das Gemüt, nur
ein, zwei Tassen Kaffee heute, nur
ein liebes Wort heute.

Ein Kilo Tränen bin ich leichter heute, nur
Erholung für die müden Augen.

Heute nur ein bisschen Ruhe, nur
die Tür schließen.
Die Müdigkeit, die Nachdenklichkeit
haben wenig von meiner Freude.

Morgen, übermorgen werden mein Herz
und Körper es zu schätzen wissen.
Heute ist kein Platz, heute nur
sind ein Tages- und ein Nachtvorrat aufgebraucht.

Fallbeil

Die Tage, an denen ich
weinend von dir gehe
(erst unten auf der Straße!)
sind die schwersten.

Ich habe dich angesehen
und du hast dich verschlossen.
Ich habe dich angesehen
und ein bisschen mich gesehen.
Ich habe dich angesehen
und wieder Angst bekommen.

Angst vor der unglaublichen
Traurigkeit, die über
dein Lächeln wacht
wie ein Fallbeil.

Alles war Sand

Alles war Sand
und Hitze.

Nie haben meine Füße
so viel Sand gespürt wie
auf dem Dach,
auf dem Hof,
auf der Straße,
im Bett.

Nie hat mein Körper
so viel Hitze gespürt wie
beim Einkaufen,
beim Aufstehen,
beim Sitzen,
im Bett.

Alles war Ruhe
und sanfte Farben
und Sand.

Laute Stimmen, aber
keine Aufregung,
Revolution noch in weiter Ferne,
blauer Himmel, aber
kaum Grün.
Solche Entspannung für die Augen.

Meer war immer möglich.
Ich wusste so wenig
zu schätzen.

Ich möchte zurück.

Platz in meinem Herzen

Du hast dir
einen Platz geschaffen,
unter meinem Herzen.
In meinem Herzen.

Jetzt wirst du kommen,
wir lernen uns kennen.
Bis wir einander besser kennen
als uns selbst.

Ich habe dir Raum gemacht,
einen Raum gemacht.
Habe eingekauft habe
geputzt habe gewaschen habe
dein Bett gemacht (komm!) habe
Handtücher rausgelegt habe
genäht habe mich kundig
gemacht (komm!)

Sodass du es magst –
und bleibst für immer.

Du fehlst.
Nicht, weil alle traurig sind,
sondern alle lachen und
du nicht dabei bist.

Kleb nicht an mir.
Denn unter den Ratten
ist die Maus nicht König.

Und du rechtfertigst
die Existenz des Wesentlichen
mit Nichtigkeiten,
statt die Existenz der Nichtigkeiten
mit Wesentlichem zu rechtfertigen.

Ich lerne,
dass es nicht nur
eine Wahrheit
gibt.

Dass es
Wahrheiten
gibt,
lerne ich.

Doch nicht meine.
Doch nicht deine.
Und was am meisten verstört:
nicht unsere.

Im Nebel

Wenn dir die Welt
und ihre Gesichter
in tausend Scherben und
Teile zerfallen.
So ist das kein Puzzle
für Kinder ab 2.
Auch nicht ab 5.
500.000 Teile.

Doch du musst es lösen.
Jeden Tag, ohne Wahl.

Ob du gerade im Nebel stehst.
Aus Millionen Lichtern,
Stimmen oder Tönen.

Jemand leert die Schachtel über deinem Kopf.

Lebensnah

Ihr ödet euch an
doch wollt etwas spüren
euch gleichzeitig (lebens)nah sein
und verlieren.

Auf allen Kanälen
sollen wir alles teilen.
Verpasst keine Nachricht!
Ihr müsst euch beeilen!

Gesucht wird: ein Kuss,
von zweien, die man kannte,
ein Unfall mit Scherben,
einer, der sich verrannte.

Hier kommt noch der
Tratsch der letzten Tage,
die Nudeln von gestern,
die Firmenblockade.

Gefunden wird: Leichen
in Straßen und Flüssen
von Männern und Frauen,
die nie wieder küssen.

Dort Kinder die sehr
lebensnah um Gnade flehen,
wo gleich um die Ecke
Granatwerfer stehen.

Es folgt noch: die Masken
der letzten Tage,
die Brand und Angst schüren
an der Straßenblockade.

Helden der Stadt

Drei Männer in Orange
und zwei in Blau.

Orange sucht blaue Tonnen,
blau sucht orangene Flammen.
Die einen werden fündig.

Die Uniformen geben
den Takt ihrer Arbeit vor.
Ich salutiere
vom Balkon.

Über den großen Teig

Die grau-blonde
Tolle.
Der orangene
Teint.

Die ausladenden
Gesten.
Das Fake
Grinsen.

Ich mag mich nicht
auf Äußerlichkeiten
konzentrieren.

Suche aber vergeblich
nach inneren Werten.

Sondervorstellung

Wer hätte gedacht,
dass es Eimer und
Becher braucht,
um im Gartenhäuschen
zu schlafen?

Wir hatten alles da.
Doch als der schwarz-graue Vorhang
über den Hausdächern
sich schloss, um die
Aufführung anzukündigen,
hielt unsere Abenteuerlust
dem tosenden Applaus
besser stand als das Dach.

Also ließen wir sie beginnen:
die verheißungsvolle Symphonie des
Regentropfentassenauffangorchesters.

Uferhilfe

Wunderschön sähe
der gold-flackernde Glanz
im Schein der Lichter,
die Streifen aus
zarter, metallener Folie aus.

Wäre es Winter,
wäre es Lametta,
wäre die Fracht
eine Ladung Geschenke
für glänzende Kinderaugen,
statt eines Boots voll Verzweiflung
und leeren Blicken.

Es hat ein Rücklicht

Ein Meer aus
roten Rücklichtern,
die sich leider wenig rühren,
bilden das Schlusslicht
eines fantastischen Wochenendes.

Im Rückspiegel grüße ich noch schnell
ein weiteres vergangenes
Lebensjahr.

Schwere Erde

Wir müssen
noch mehr graben.
Auch wenn die
schwere Erde schon fast
eins geworden ist
mit unseren Fingern und
die Nägel abgenutzt sind
bis aufs Fleisch.

Wir müssen
härter graben denn
irgendwo dort unten
liegt unser
gemeinsamer Kern.

Der März meinte es wohl gut,
als er noch einmal
ein weiches, weißes Sitzkissen
auf unsere Balkonstühle legte.

Leider hatte dieses Jahr
niemand mit der Uhr auch
die Temperatur vorgestellt.

Dein Erinnerungsalbum

Ein kostbar seltener Moment
in dem du dein Erinnerungsalbum
für mich öffnest.

Und Bilder malst von Wohnungen
ohne Strom und fließend Wasser
mit dem kleinen Baby.

Von einem Hektar Rüben roden
im 7. Monat
ohne Wahl.

Der Abend wollte sich gerne
rosa im glänzend polierten Edelstahl
präsentieren.

Und als ich ihm Beachtung schenkte,
bot er mir eine gesteuerte
falsche Schnuppe.

Es schadet ja nicht,
sich den Wünschen
der Passagiere hoch oben
anzuschließen.

Dankbarkeit dafür,
den Unterschied zwischen
relativer Sicherheit und
relativer Unsicherheit
kennen zu lernen.

Der Muezzin ruft
die Menschen zur Hoffnung.

Zum Verzehr geeignet

Die kleinen roten Perlen
durchleuchtet von der Abendsonne
geben ihre Anatomie preis.

Ich muss sie
– obwohl wunderschön –
gefügig machen.

Mit viel Zucker und
ihren süßeren Kolleginnen
im Glas zu Studienzwecken.

Manches soll nicht sein

Manches soll nicht sein
nichts sein
außer Loslassen
nach Festhalten

Und atemlos
lass los

Ein Leben bauten wir
zwei Leben schufen wir

Schreiend
die Wege entlang
lachend
die Schritte verfolgend

Atemlos
lass los

Der See fängt rasch
die Landschaft ein
und täuscht
das Auge gut.

Die Optik spielt
mit meinen Sinnen
und stellt mich
vor die Wahl,

die luftig-klare oder
nass-glänzende
Version
zu betrachten,

bevor das Wasser
zitternd sich verneigt
und seine Illusion preisgibt.

Aus luftigen Höhen

Als mich
ein hauchdünner Schleier
aus dicker Watte
von allem trennte
war es an mir

nur an mir

alles in meinem Herzen
ins Gepäck zu nehmen
und mich einzulassen
auf das was
vor mir
und hinter mir
lag.

Fountain Memorial, Minneapolis

Bubbling
the fountain and
buzzing
the voices on Nicolett and 11th.

Bubbling
construction and
buzzing
the bees in the flowerbeds.

Bubbling
the vivid memories
of my hopes
my dreams
my fears
my forever being grateful
for having them
bubbling up, accumulating
in a pretty pond
for me to marvel at.

Erwartetes Glück

Zwischen alten Umzugskartons
voller ungebrauchter Nützlichkeiten
gehalten von maroden Wänden
und Vertäfelung
die gegen Schimmel kämpft

klauben wir Jahr für Jahr
die Vorfreude auf unser
Stück Grün und Lebensqualität hervor
stellen schon mal die Geräte
und Erwartungen nach draußen
in Vorfreude auf das erste
Lachen und Planschen.

„Democracy dies in Darkness"[1]

Wenn Dunkelheit kommt
schweigt nicht

haltet vielleicht inne
aber seid nicht still.

Wenn die Welt
sich neigt und
das Leben aus allem
herausfällt so schnell,
dass eure Seele nicht folgen kann:

Bleibt standhaft,
haltet durch,
haltet einander,
sprecht zueinander,
bis sich die Geschwindigkeiten
und Wahrheiten
und Atemzüge
wieder angleichen.

---

1 Titel entlehnt vom Slogan der Washington Post

Systemrelevant

Schatten, Schatten der
schnellen Gedanken und
Schritte, Schritte der
hastenden Füße und
Atmen, Atmen durch
Lagen von Stoffen und
Packen, Packen der
helfenden Hände und
Ängste, Ängste vor
Atmen und Packen und
Freude, Freude um
jeden, der bleibt.

Bis es passt

Ihr fühlt euch erleuchtet, erweckt,
eure Wahrheiten zerfasert,
kaum zu begreifen.

Beliebige Flicken fügt ihr,
zur Not gewaltsam,
passend zu einem großen Bild.

Die größte Gefahr ist nicht
die von euch skandierte,
sondern eure Furcht selbst.

Ein Verschnitt eurer Weltbilder
maßgefertigt auf eure Ängste
aus Stoff für schlechte Horrorfilme.

Diese Schuhe tragen noch

Ich bin raus
in Teilen
hänge fest
in Teilen
möchte noch verweilen
möchte weitereilen
diese Schuh'
zu klein
doch sie tragen fein
dieses Herz
zu groß
doch gekittet bloß.

Das Spektrum

Wer sagt
es sei noch nicht so weit
hat nicht bemerkt,
dass das Licht
bereits sein Spektrum geändert hat
wie ich die Kleidung und die Stimmung.
Die Bäume werden es ihm bald nachtun.

Jetzt schon so müde

Jetzt schon so müde
doch der Tag hat noch 98 Stunden.

Jetzt schon schleppend der Schritt
doch der Tag packt mir noch Gepäck.

Jetzt schon brennende Augen
doch der Tag verlangt genaues Hinsehen.

Jetzt schon Tränen
doch der Tag möchte mein Lächeln sehen.

Jetzt schon gesättigt
doch der Tag will, dass ich zum Abendessen komme.

Jetzt schon so müde
doch der Tag übernimmt nicht die Zuständigkeit der Nacht.

Herbst/Winter

Im Oktober verlor ich
meine Kraft

Im November fielen die
letzten Ideen herab

Im Dezember legte sich die
Improvisationskunst in den Winterschlaf

Im Januar endlich rieselten die
ehrlichen Worte sanft zu Boden

Im Februar war die
Zeit noch nicht ganz reif für Frühling

Dorfluft

Dorfluft
Sommerluft
Unsere Abenteuer
machen wir uns selbst
Einziges Zeichen für Veränderung
ist der schwere Geruch von Teer
in der Luft
Die Dorfstraße wird repariert
Die Männer rauchen

Das Leben meint es gut mit mir

Während die Grenzen dort liegen,
wo die Gischt auf die Felsen schlägt,
die Füße den Boden begreifen
und das Herz Dinge findet
auf die dich
nichts und niemand
vorbereiten kann.

Das Leben meint es
gut mit mir.

Während das satte Grün
der Blätter vor meinem Fenster
mir freundlich zunickt,
kleine Finger an mir ziehen,
weil ich alles bin, was sie brauchen.
Und die Wände näher kommen,
weil ich dich nicht mehr tragen kann.

Das Leben meint es
gut mit mir.

Während das Ende der Anfang
und der Anfang das Ende ist.
Und Loslassen und Zulassen
keinen Unterschied mehr finden.

Zu fest

Ein Leben,
zwei Leben
trennten uns nicht,
obwohl ich rannte,
schob
und schrie.

Ein Schmerz,
viel Schmerz,
reichte nicht aus,
obwohl ich wollte,
so sehr wollte.
Noch will.

Mein Alles bis hierhin

Kann ich
was bisher mein Alles war
in einem Buch pressen
und trocknen
bis es so weit ist
gerahmt an der Wand zu hängen?

Mein Alles.
Alles, was ich kannte.
Finde ich das Buch
erst in Jahren
im Regal wieder,
wird beim Öffnen alles zerbröseln.

Dein letzter Strohhalm

Nein, Hass
brauchst du jetzt nicht mehr.
Da wir alle den Frieden umarmen
und demütig
auf unsere Geschichte blicken
und sie einpacken,
um voranzuschreiten.

Schreite voran!
Mutig!
Du stehst auf den Schultern derer,
die zuvor schon gewagt haben
Großes zu schaffen.

Betrug und Verrat
sind jetzt nicht mehr deine Währung.
Denn zu viel
wurde dir versprochen,
was dein letzter Strohhalm war.

Nein, Hass
brauchst du jetzt nicht mehr.

Nicht für uns!

Jetzt, da du weg bist,
sollst du wissen:
Tod ist auch keine Dauerlösung.

Nicht für uns!
Das sollst du wissen.
Du würdest zustimmen.

Du würdest schmunzeln,
während wir lachend und weinend
durch deine Habseligkeiten stöbern.

Du würdest einen Tee aufsetzen
und sagen: „Buddha bei de Fische.
Tod ist auch keine Dauerlösung."

Für Thorsten

Die Autorin

Eltje Kherfani wurde 1984 geboren und studierte Wirtschaft und Marketing. Sie arbeitete daraufhin bei einer großen Versicherung als Marketing-Managerin. Schon früh entdeckte sie ihre Liebe für Sprache und gute Texte. Mit ihrer Lyrik möchte sie ein Schlaglicht auf gesellschaftliche und persönliche Themen werfen und Leser:innen zum Träumen und Hoffen anregen. Neben der Auseinandersetzung mit Texten – fremden wie eigenen – gehören auch Podcasts und Yoga zu ihrem Freizeitprogramm. Außerdem ist Eltje Kherfani sehr affin für Fremdsprachen und spielt Saxophon.

novum VERLAG FÜR NEUAUTOREN

Der Verlag

„ *Wer aufhört
besser zu werden,
hat aufgehört
gut zu sein!*

Basierend auf diesem Motto ist es dem novum Verlag ein Anliegen, neue Manuskripte aufzuspüren, zu veröffentlichen und deren Autoren langfristig zu fördern. Mittlerweile gilt der 1997 gegründete und mehrfach prämierte Verlag als Spezialist für Neuautoren in Deutschland, Österreich und der Schweiz.

Für jedes neue Manuskript wird innerhalb weniger Wochen eine kostenfreie, unverbindliche Lektorats-Prüfung erstellt.

Weitere Informationen zum Verlag und
seinen Büchern finden Sie im Internet unter:

www.novumverlag.com